通じる英語は空にあった！

～ついに見つけた英語学習法～

塩田寛幸　著

はじめに

　皆さんはご存知でしょうか。航空の世界では英語がコミュニケーションの手段として使われており、安全な運航のための情報伝達は常に英語で行われているということを。そのため、飛行機は「英語で飛んでいる」と言っても過言ではないのです。しかしながら、それがどのような英語なのか、ほとんど知られていません。

　私たちは学校教育を通じて英語についての知識を身に付けてきました。その知識も実際のコミュニケーションで活かされなければこれほどもったいないものはありません。それでは、コミュニケーション能力を高めるためにどうしたらいいでしょうか？それは実際にコミュニケーションを行うことです。つまり、なにより積極的に話そうとする姿勢が必要なのです。

　英語でコミュニケーションする際には、いくつかの要点があります。本書ではパイロットと管制官の間の英語を使ったコミュニケーション（空の英語）を紹介します。きっと学校で習った英語とのちがいから、通じる英語がどのようなものかがわかると思います。

　「空の英語」は、意味を通じさせる上で最小限のコミュニケーション・スタイルと言ってもよいものです。「空の英語」と私たちの知っている英語とは別物のように思えますが、実際の具体例を通して、共通するコミュニケーションの方法や技術を学び取っていただけるはずです。

　第1章では「空の英語」について紹介し、第2章では空の英語を活かした「新しい視点からの学習法」を、そして第3章ではその学習を「生活の中で活かすアイデア」を提案しています。

　本書を通して通じる英語のノウハウを身につけ、英語でのコミュニケーションを大いに楽しんでいただきたいと思います。

著者

目　　次

第1章　飛行機は英語で飛んでいる

第2章　空の英語に学ぶ

1. キーワードで伝える

2. 前置詞を活用する

第3章　空の英語を活かす

1. 自分で訓練する

2. やさしい英語を使いこなす

3. チェック・システム

第1章 飛行機は英語で飛んでいる

1. 空の英語はスマート！

空の英語は無線独特の表現

① 聞きまちがいを防ぐ言い方
  ・アルファベットなどの言い方に工夫がある。
  ・確認のためにリード・バック（復唱）する。

② 早く情報を伝えるための省略
  ・キーワードでコミュニケーションする。

③ 正確に伝えるための数字
  ・情報を数字化する。

2. 聞きまちがいを防ぐ

(1)アルファベットの言い方

空港には control tower（管制塔）と呼ばれる施設がある。
その中で働く航空管制官はパイロットに対して無線で指示を出す。
それが空の英語。
世界中どこでもその指示は英語。
通常私たちはその交信を耳にすることはない。

ところが、それを耳にするのは航空機事故のとき。
航空機は飛行記録機器*を積んでいる。
それが事故直前の状況を教えてくれる。
事故の際は、すぐに記録の解析が行われ、その内容が報道される。

＊ 「フライトレコーダー」 ＆ 「ボイスレコーダー」

空の英語の代表、それは Roger（ 了解！）。
航空機を扱った映画の中でパイロットがよく口にしている。

なぜ「了解」が Roger　なのか？つづりを見てみよう。
「ラジャー」それは「ロジャー」という男の名前。
「了解」は「メッセージを受け取った」という意味。
英語だと、

I received.

しかし、頻繁に使うためもっと短くしたかった。
received　の頭の R をそのまま「アール」と発音すると聞き取りにくい。
そこで、R で始まることばを探した。
R で始まることばはいろいろあったが、なぜか Roger になった。

ちなみに

なぜ「ロジャー」が「ラジャー」なのか。
それはアメリカ人が発音すると「ラジャー」に聞こえるから。

アルファベットは無線では特に聞き取りにくい。
例えば、日本人同士でも「D」の言い方を工夫する。
「E」や「T」に聞きまちがえないように「デー」と言ったりする。

この問題に対して空の英語の工夫がおもしろい。

アルファベット 26 文字の独特な言い方

A （アルファ）	B （ブラボー）	C （チャーリー）
D （デルタ）	E （エコー）	F （フォックストロット）
G （ゴルフ）	H （ホテル）	I （インディア）
J （ジュリエット）	K （キロ）	L （リマ）
M （マイク）	N （ノーベンバー）	O （オスカー）
P （パパ）	Q （ケベック）	R （ロミオ）

S（シエラ）	T（タンゴ）	U（ユニフォーム）
V（ヴィクター）	W（ウイスキー）	X（エックスレイ）
Y（ヤンキー）	Z（ズールー）	

Rは「ラジャー（了解）」で使ったため「ロミオ」になっている。
やはり男の名前。当然、Jは「ジュリエット」。
この呼び方なら情報を正確に伝え、空の安全が確保できる。

そういえば

日本の飛行機の機体には「ＪＡ」という識別コードが付いている。
その「ＪＡ」は「ジュリエット・アルファ」と読む。

空港には滑走路とともに誘導路がいくつかあり、taxiway と呼ばれている。それらは頭のＴをとって、
「Ｔ－１（タンゴ・ワン）」、「Ｔ－２（タンゴ・トゥー）」などと呼ばれる。

誘導路が東と西に２本ある場合は、
east や west の頭の文字をとって
「エコー・タクシーウェイ」、「ウィスキー・タクシーウェイ」
と呼ばれる。

ちなみに

刻々と変化する気象情報にもアルファベットが使われている。
中でも重要なのが「気圧」。
「気圧」は飛行機の高度を決定する基準。
そのため気圧の変化を知らせるたびに、「インフォメーション・アルファ」、「インフォメーション・ブラボー」と情報に名前としてアルファベットを順に付けていく。
毎日朝一番から「アルファ」、「ブラボー」、「チャーリー」と付けていく。

(2)空の英語の返事

コミュニケーションの上で Yes / No は最も重要なもの。
だが、Yes / No は短くて聞き取りにくい。
そのため、ちがいがわかりやすい表現にしている。

 Yes の代わりは

　　Affirmative.　（はい）・・・「肯定の」という形容詞

 No の代わりは

　　Negative.　　（いいえ）・・・「否定の」という形容詞

そういえば

日本人ははっきり断るのが苦手。
「ちょっと・・・」とか
「難しいですね。」と言うことが多い。
このような言い方をそのまま英語にすると、コミュニケーションが
うまくいかない。

「難しいですね。」を"It's difficult."と表現すると、
相手は（難しいが、No じゃない）と理解し、
（頑張ればできるかもしれない）と受け取ってしまう。

 でも、日本人の「難しい」はまちがいなく No。

日本人は Yes / No をはっきり言わない。
英語を話すときにはそれを自覚し、はっきり伝えるべき。

また、日本人は遠慮しがち。
客として招待されて、何か食べ物を勧められたとき、遠慮して、「い
いえ、結構です。」とか「どうぞ、お構いなく。」と言ってしまう

が、それを英語でそのまま

　　　No, thank you.（いいえ、結構です）

と言えば、はっきり断ることになってしまう。
食べたいのであれば、こう言う。

　　　Thank you very much.（どうもありがとうございます）

英語を話すときには、
空の英語の Affirmative. / Negative.のように
自分の意志を Yes. / No.で明確に伝えよう。

ちなみに

　negative は not としても使われる。

管制官が空港に近づいた飛行機に
「空港は見えますか」と訊いたとき、
もし見えなかったら、パイロットはこう言う。

　　　Negative in sight.　（見えません）

あるいは

　　　Negative contact.　（見えません）

（3）無線ならではの言い方

英語の無線交信では最後は必ず「over」、日本語では「どうぞ」。
どちらも相手に譲るときのことば。

ところが、この２つの表現を比べると、おもしろいことがわかる。

英語の方の「over」と言えば、すぐに思い出すのは、

　　〜is over.　　（〜が終わった）

「♪Love is over.」のメロディーが頭に浮かんでくる。
「..., over.」は（まず一旦これで終わります）という意味。
これは自分を中心にした言い方。

一方、日本語では、「〜、どうぞ。」。
この言い方からわかるのは、相手の立場に立って、
（どうぞお話しください。）という気配り。
短い一言だが、「over]と「どうぞ」にも文化のちがいが見える。

そういえば

日本と欧米の文化のちがいを浮き彫りにする実話を紹介する。

車を運転していたとき、中央分離帯の木の陰から人が出てきた。
車の前を横切ろうとした人が外国人だとすぐにわかった。
ジェスチャーが日本人とはちがっていたからだ。
その人は（止まれ！私を通してくれ！）と言うかのように、
車の方に手の平を向けた。
日本人はこんな強い態度はとらない。

そのあと、続いて出てきた人が日本人だとすぐにわかった。
というのは、その人が「手刀を切りながら」頭を下げ、申し訳なさ
そうに渡って行ったからだ。

ちなみに

「over」の使い方には注意が必要。
日本語の「〜が終わった」を ... was over としてはいけない。
今終わったところならば、現在形にすべき。

　　... is over.　　（〜が終わった<u>状態である</u>）

(4) 安心・安全チェックシステム

空の世界では無線なので相手の姿が見えない。
そのため、特別な工夫がある。

① 「復唱」

・管制官はパイロットに情報を伝えたあと、必ずこう言う。

Read back! （復唱せよ）

すると、パイロットはその内容をそのままオウム返しする。
そうして管制官は相手が正確に受け取ったかどうかを確認する。

・復唱が正しければこう言う。

Your read back is correct. （復唱は正しい）

・再度確認したい場合にはこう言う。

I say again. （くり返す）

・聞き取れなかった場合にはこう言う。

Say again, please. （くり返せ）

・聞き取りに不安があった場合はこう言う。

Confirm, runway 27? （確認、滑走路 27 番か？）

・離陸許可を確認するときはこう言う。

Confirm, cleared for takeoff? （確認、離陸許可か?）

② 「不注意による誤り（ケアレス・ミス）」への対策

・機械による対策
機械が異常な状態を感知して警報を鳴らす。

・ことばによる対策

　　着陸前にパイロットは車輪を下ろし、ロックされた状態を示す
　　緑色のランプが３つ点灯したことを管制塔に報告する。

Gear down, three* greened. （車輪準備完了）

　　＊飛行機には３つの車輪があるため

そういえば

　　日常生活でもことばによる安全確認が行われている。

　①工事現場のクレーンの車体
　　「つり荷の下に入るな」

　②立体パーキング入り口
　　「ドアミラー・アンテナを収納して入庫してください。」

　③電車のドア
　　「扉に注意」、「開くドアにご注意！」、「ゆびにごちゅうい」

　④車内放送
　　「ドアが閉まります。閉まるドアにご注意ください。」

国内にも英語のメッセージがたくさんある。
例えば、

Mind the doors. / Please be careful of the doors. （ドアに注

一方、家の中にも注意を促すことばがある。

　①食品パッケージ

　　「開封後はお早めにお召し上がりください。」
　　「直射日光、高温多湿を避けて保存してください。」

②外国製品のパッケージ

Keep cool and dry.　（高温多湿を避けてください）

Store in a cool dry place.（冷暗所で保存してください）

Keep away from the sun.　（直射日光を避けてください）

この日英のことばづかいを比べると、日本語は漢字表記で難しいが、英語は子どもにもわかりやすい。

ちなみに

英語圏の国の空港の出口には次のような注意書きがある。

No re-entry.（ここから出ると戻れません）

Please ensure you have collected your baggage before

proceeding.　（出る前に手荷物をもう一度お確かめください）

また、チェックイン前には

Does your hand luggage fit?　（手荷物のサイズは大丈夫？）

If your bag is too big it will not be allowed through

security .　（大きすぎると持ち込めません）

(5)プロだってまちがえることはある！

パイロットや管制官も人間だから、言いまちがえることがある。

言いまちがえたとき、すぐに自分で気が付けば、

「correction（訂正）」と言い直す。

例えば、

Skyliner 145, correction, 154.

（スカイライン航空 145 便、訂正、154 便）

自分ではまちがいに気づかない場合もある。
例えば、
「高松」と「徳島」は場所が近く、発音も似ているため、聞きまちがえたケース

＊以下、管制官＝C (Controller)　パイロット＝P(Pilot)

C : You are cleared to Takamatsu Airport via ....

（・・・経由で高松空港まで許可する）

P : Roger, cleared to Tokushima Airport via ....

（了解。・・・経由で徳島空港まで許可する）

C : Confirm, your destination is Takamatsu Airport.

（確認、目的地は高松空港）

P : Roger, cleared to Takamatsu Airport.

（了解。高松空港への出発承認）

そういえば

私たちも電話をかけまちがえたり、乗りまちがえたりする。

そうした場合は「wrong」という形容詞を使う。

I dialed the wrong number.　（電話番号をまちがえた）

I took the wrong train.　（電車を乗りまちがえた）

もし、自分が電話をかけまちがえたときはこう言う。

Sorry, I've got the wrong number.

(すみません、かけまちがえました)

さらに、物を置き忘れた場合には「leave」という動詞を使う。

I left my bag in the train（カバンを電車に置き忘れた）

I left my glasses somewhere.（メガネをどこかに置き忘れた）

また、トラブルに遭うこともある。
そんな場合は「〜の状態になる」を「get + 形容詞」で表す。

I got tired.　（疲れた）

I got wet in a shower.　（にわか雨でぬれてしまった）

I got caught in a traffic jam.　（交通渋滞につかまった）

I got burnt in the hand.　（手にやけどを負った）

I got stung by a bee on the neck.　（ハチに首を刺された）

ちなみに

相手のまちがいに気づいたとき、指摘する前に

I am afraid　　あえて訳せば、（恐れながら・・・）

電話に出て、まちがい電話だったら

I am afraid you have the wrong number.

（おかけまちがいでは？）

また、乗り物や劇場の座席をまちがえられたときは

I am afraid this is my seat.　（ここは私の席ですが）

さらに、バスに乗りまちがえた人には

I am afraid you are on the wrong bus.

（乗りまちがっていませんか？）

3. はやく情報を伝える

(1)こんなに省略してもいい！

空の英語では能率良くメッセージを伝える工夫をしている。
その一つは「キーワード」だけで表現する方法。
例えば、
交信では次のような表現が使われる。

パイロットが管制官に呼びかけて無線の状態を確かめるとき

P : Tokyo Tower, this is Skyliner 101, how do you read?

（羽田管制塔、こちらスカイライン航空 101 便、無線の感度は?）

C : Skyliner 101, Tokyo Tower, loud and clear*.

（スカイライン航空 101 便、こちら羽田管制塔、感度良好）

＊管制官の loud and clear がキーワードだけの表現。

さらに、もう一つ

Maintain 6,000 until further advice.*

（次の指示まで、高度 6,000 フィートを維持せよ）

＊until further advice もキーワードだけ。

飛行機が動くときは常に管制官の許可が必要。
パイロットは許可を求めるとき、「request」を使う。

Request take off instruction, over.

（離陸許可を求む、どうぞ）

Request taxi. （地上滑走の許可を求む）

Request Flight level 220.

（フライトレベル220への高度変更の許可を求む）

また、管制塔に呼びかけてくる無線が重なるとき、管制官は次のように言う。

Station calling, Skyliner? （今のはスカイライン航空か？）

さらに、混雑時、着陸待機中の飛行機に次のように言う。

Expect further clearance, 15. （次の指示は15分頃の予定）

以上のように、空の英語はキーワードを有効に使っている。

そういえば

日常の表現の中にもキーワードだけの言い方がたくさんある。

①店での支払いのとき

Cash or credit? （現金ですか、クレジット支払いですか？）

②頑張った人に

Good job! あるいは

Well done! （よく頑張りましたね）

③クイズの答えが近いとき

Pretty close! （おしい！）

④相手に否定されたとき

    Why not?　（どうしてダメなの）

⑤　誘いを快諾するときにも

    Why not?（もちろん！＝どうして断るだろうか）

⑥　大勢の人に連絡事項を伝えるとき

    Attention, please.　（お知らせします）

⑦　店でコーヒーを注文するとき

    Two coffees, please.　（コーヒー２つください）

⑧　相手の成功を願うとき

    Success to you!　（うまくいきますように）

⑨　失敗したとき

    Better luck, next time.　（次はきっとうまくいくよ）

⑩　訪ね先で人の気配がないとき

    Anyone here?　（誰かいませんか？）

⑪　人を案内するとき

    This way, please.　（こちらへどうぞ。）

⑫　点検してもらうとき

    Correct errors, if any.　（まちがいがあれば、言ってください）

以上のように、キーワードだけでも十分通じる。

また、掲示物もキーワードだけで一目でわかるようになっている。

    Open 24 hours　（２４時間営業）

No vacancy.　（満室）

Rooms for Rent.　（貸室あり）

Admission free.　（入場無料）

Business as usual.　（平常どおり営業してします）

No dogs allowed.　（犬はご遠慮ください）

Shoes off.　（土足厳禁）

さらに、印刷物にもキーワードだけの表記が見られる。

Printed Matter　（印刷物在中）

This side up.　（天地無用）

All rights reserved.　（転載禁止）

No comment in particular.　（特記事項なし）

ちなみに

ことわざや慣用句にもキーワードだけの表現がたくさんある。

So many men, so many minds.　（十人十色）

No pain, no gain.　（苦は楽の種）

No seek, no find.　（探さなければ見つからない）

No smoke without fire.　（火のないところに煙は立たず）

Nothing venture, nothing gain.（虎穴に入らずんば虎児を得ず）

First come, first served.　（早い者勝ち）

More haste, less speed.　（急がば回れ）

The sooner, the better.　（早ければ早いほどよい）

Once bitten, twice shy.　（熱ものに懲りてなますを吹く）

Better bend than break.　（柳に雪折れなし）

No rose without a thorn.　（きれいなバラにはトゲがある）

そういえば

国名が一目にしてわかる３（スリー）レターコードがある。
オリンピック選手のユニフォームで見たことがあるはず。

JPN（日本）　　**AUS**（オーストラリア）　　**BRA**（ブラジル）

CHN（中国）　　**EGY**（エジプト）　　**IRQ**（イラク）

ITA（イタリア）　　**NOR**（ノルウェー）

NZL（ニュージーランド）**RUS**（ロシア）

SWE（スウェーデン）　　**THA**（タイ）など

都市名も同じように３レターコードで表される。
空港で手荷物を預けたときにもらうタグに使われている。

BKK（バンコク）　　**FRA**（フランクフルト）

LON（ロンドン）　　　**MAD**（マドリッド）　　**PAR**（パリ）

ROM（ローマ）　　　　**SFO**（サンフランシスコ）

SYD（シドニー）　　　**WAS**（ワシントン）

ちなみに

　　スペインをあらわす3レターコードは　**ESP**
　　これはスペイン語でスペインを意味するESPAÑA（イスパニア）
　　から作られたもの。

　　さて、**GBR**はどこの国だろうか？
　　わかりにくいだろうが、実はこれはイギリスなのだ。
　　Great Britain（グレート・ブリテン）がもとになっている。

　　オランダも**NED**とわかりにくいが、オランダ語の国名Nederland
　　（ネーデルランド）から来ている。

（2）主語がなくてもいい！

日本語は主語を省略し、英語は主語をはっきりと言う。

しかし、空の英語では主語はあまり登場しない。
例えば、
管制官は出発前のパイロットにこう伝える。

　　Advise when ready to start.　（出発準備でき次第通報せよ）

これは「指示」する命令文なので文頭に主語はいらない。
ふつうなら　Advise when you are ready to start.

出発準備ができたら、パイロットは次のように連絡する。

　　Now ready to start.　（出発準備が完了）

これもふつうなら Now we are ready to start.

そして、離陸のとき、管制官は次のように指示する。

　　Cleared for takeoff.　（離陸許可）

　着陸のときは、次のように指示する。

　　Cleared to land Runway 14.（14 番滑走路に着陸許可）

これもふつうなら Everything is cleared for you to land Runway 14.

同様に、滑走路の横断を許可するときも

　　Cleared to cross Runway 14.　（14 番滑走路の横断許可）

また、疑問文でも主語が省略される。
例えば、
管制官がパイロットに出発を承認するとき、次のように言う。

ATC clearance*, ready to copy?

（出発管制承認、書き取る用意ができているか？）
*ATC・・・Air Traffic Control （航空交通管制）
clearance ・・・承認

この場合、ready の前の are you が省略されている。
疑問文なので、文末は上げ調子で発音している。

さらに、空港のチェックイン・カウンターには、次のような英文がある。

Subject to Weather Condition （天候により変更することあり

この場合は、This flight is が省略されている。

そういえば

日常生活で使う英語にも主語の省略が見られる。

①会話

・一番身近な例は How much?

is this は言わなくてもわかる。

・No, not yet. （まだだ）という答えも

I'm と ready が省略されている。

・No problem. （問題ありません）

No objection. （異議ありません）

この２つは I have が省略されている。

・相手の発言を止めるときの

　　Enough said.　（もうそれ以上言うな）

　　これは You have が省略されている。

・相手の提案に賛成・賛同するときの

　　Sounds great.　（それはいいですね）

　　も That が省略されている。

・初対面のときに言う

　　Nice to meet you.　（お会いできてうれしいです）

　　という表現も It is が省略されている。

　初対面で別れるときには

　　Nice meeting you.　という表現が使われる。

　再会したときには

　　Nice to see you again.　と言い、

　別れ際には Nice seeing you. と言う。

・聞き取れないときに使う

　　Pardon?　（もう一度言って！）

　　も I beg your が省略されている。

しかし、 Pardon? も I beg your pardon? も
ふつう一度しか使わない。

もし繰り返してもらっても聞き取れなかった場合は、次のように

対応する。

・相手の声が小さくて聞き取れなかった場合

Will you speak more loudly?

・相手の話すスピードが速くてわからなかった場合

Will you speak more slowly?

・難しい言葉や表現が使われてわからなかった場合

Will you say it in easy English?

・一部分が聞き取れなかった場合
わからなかった部分に what を入れて繰り返す。
例えば、Do you know how old he is? の後半がわからなかった
なら、Do you know what? と言えばいい。

・自分の聞き取りに自信がない場合

You say (相手の発言)？（～ということですね？）

You ask me（相手の発言）？ （～ということですか？）

(相手の発言) Is that your question? (～という質問ですか？)
などと語尾を上げ調子で確認する。

・それでもなお質問の意味がわからない場合

I'm sorry, I don't understand.

I'm sorry, I can't understand.
などと言わざるを得ない。

② 掲示
・映画などで目にする

Coming soon（近日公開）

は The movie is が省略されている。

・見本品などに表示されている

Not for sale （非売品）

は This is が省略されている。

・蛇口に表示されている

Not for drinking（飲み水ではありません）

は The water is が省略されている。

・乗り物に表示されている

Not in service（回送）

は　This is　が省略されている。

・駅のホームなどで見かける

Now arriving（まもなく到着）

は　The train is　が省略されている。

・空港ビル内で見かける

Welcome to KIX* （関西空港にようこそ）

は　You are　が省略されている。
*ＫＩＸ・・・関西国際空港の３レターコード

・店のドアに表示されている

Closed today（本日は終了しました）

は We are が省略されている。

ちなみに

日本の店先には「営業中」の札の下に「Open」と表記があり、

裏側に「準備中」を意味する「Close」と書かれていることが多い。

しかし、これは誤り。正しくは「Closed」。

「Closed」は動詞 close の過去分詞で、状態を表す形容詞。

「Close」とした場合「今日、閉めなさい」になってしまう。

③　ことわざ・格言

Out of sight, out of mind.（去るもの日々にうとし）

Like father, like son.　（蛙の子は蛙）

Better late than never.　（遅れてもやらないよりはまし）

Soon learnt, soon forgotten.（すぐ覚えたことはすぐ忘れる）

Better to ask the way than go astray.
（道に迷うより道をたずねた方がよい）

When in Rome, do as the Romans do.
（郷に入っては郷に従え）

(3)シンプル表現で状態を伝える

すばやく正確に伝えるための工夫として、前置詞や形容詞（分詞）が使われている。例えば、
① 前置詞を使う

  Traffic* in sight.　（接近中の航空機を目視で確認）

 *traffic ・・・他の航空機のこと

 On your frequency?　（周波数は合っているか？）

 Clearance on request.　（出発管制承認は要求中）

このように前置詞が有効に使われている。

そういえば

 身近な英語表現にも前置詞がたくさん使われている。

 under construction　（建設中）

 under repair（修理中）

 under way（進行中）

 in use（使用中）

 in full bloom　（満開の）

 on arrival　（到着次第）

 on fire（燃えて）

on strike（ストライキ中）

at present（現在）

at breakfast （朝食中）

at work（仕事中）

without doubt（疑いなく）

without reason（理由なく）

② 形容詞（現在分詞）を使う

形容詞は状態を表すが、中でも進行形の ing 形（現在分詞）は
今の状態を伝えるのに適切。

Entering Right Downwind*.

（右ダウンウインドに進入）
*downwind・・・着陸する前に滑走路と平行に飛ぶルートのこと。

Now reaching 8,000.

（只今高度 8,000 フィートに到達）

Now leaving 9,000.

（ 現在 9,000 フィートから離脱中）

Now passing 10,000.

（現在 10,000 フィートを通過中）

Airbus 300 now taking off.

（現在エアバス機が離陸中）

No.1 small aircraft turning to final.

（先の小型飛行機、最終着陸体勢）

③ 形容詞（過去分詞）を使う

形容詞には受け身の意味の過去分詞も含まれる。
「〜された状態」を伝えるときに使われる。

Speed control required. （速度調整せよ）

Speed control not required. （速度調整必要なし）

Pushback* approved. （プッシュバック許可）

*pushback・・・飛行機を特殊車両で押してバックさせること

Altitude restriction cancelled. （飛行高度制限解除）

Radar service terminated. （レーダー追跡終了）

(4)危ない！　ニアミスどうする？

今日のように飛行機が多くなると、急接近する事態が増える。

ニアミスになりそうになったとき、管制官はまず「Traffic!（航空機接近中！）」ということばで注意を促す。
では実際のやりとりの例を見てみよう。

C : Traffic, 2 o'clock, range 10 miles, Boeing 767,

　　climbing 9,000.

　　（航空機接近中！２時の方向、１０マイルにボーイング７６７、
　　9,000 フィートに上昇中）

P : Roger, now looking for.　（了解。現在目視で確認中）
　　・・・・・・

　　Now traffic in sight.　（航空機、目視で確認）

もし、雲で確認できない場合は

　　Enter cloud, negative in sight.　（現在雲の中、確認不可）
あるいは

　　We're in cloud, negative contact.　（同上）

4. 正確に伝える

(1)数字は最重要情報

空の交信には数字がたくさん出てくる。

飛行機の便名、飛行高度、速度、距離、無線の周波数、機首方位、風向、風力、高度計規正値、空港の滑走路番号、スポット番号など。
中でも興味深いのが滑走路番号と機首方位。

① 方位情報
滑走路には両側から離着陸するので、２つの名前が付けられている。
例えば、

　　runway 09　　（ランウェイ　ゼロ　ナイン）

　　runway 27　　（「ランウェイ　トゥーセヴン」

09 は東に向いた滑走路、27 は西に向いた滑走路である。

滑走路番号は、真北を 0 度として真東は 90 度なので 09、真南は 180 度なので 18、真西は 270 度なので 27 としている。
ただし、真北は 00 ではなく 36 だ。

機首方位の指示も真北を 0 度とし、次のように誘導する。

　Fly heading 180.　（機首方位 180 度で飛行せよ）

　Turn right heading 270.（右旋回し、機首方位 270 度で飛行せよ）

自分から見た方向をあらわすときには、時計を使った表現をする。

機体が向いている方向を常に 12 時とし、右真横なら 3 時、左真横なら 9 時、真後ろなら 6 時とする。

接近中の航空機がいる方位を知らせるときは次のように言う。

    Traffic, on your 2 o'clock.（2 時の方向に航空機接近中）

2 時の方向だから右斜め前を見ればいい。

② 緊急旋回
他の航空機に後方から接近した場合、管制官から旋回が命じられる。

その空域で旋回させるときは

    Make 360.　　（その位置で旋回せよ）

            スリーシックスティ

さらにもう 1 回旋回させるときは

    Make one more circle, please.　　（再度旋回せよ）

    Make another 360.　　（同上）

Uターンさせるのであれば

    Make 180.（その位置でUターンせよ）

          ワンエイティ

③ 上空待機
羽田空港などは朝夕到着機で混雑する。
そんなとき、一定の空域で待機するよう指示が出される。

  Make one time hold over Onjuku.（御宿上空で 1 旋回せよ）

あるいは

Upon reaching Onjuku, make right 360 over Onjuku.

（御宿上空に到着次第、右旋回せよ）

④　地上滑走

飛行機はバックできないので駐機場を離れるときにはトーイング・カーと呼ばれる車が前輪を押してバックさせる。

そのようなとき、パイロットは次のように許可を求める。

Spot 12. Request pushback.

（12 番スポットからのプッシュバック許可を要求）

これに対して、管制官は次のように許可を出す。

Roger, pushback approved. 　（了解、プッシュバック許可）

プッシュバックのあと、滑走路に向かって誘導路を進む前にパイロットは次のように許可を求める。

Request taxi*. 　（地上滑走許可を要求）

＊　taxi とは飛行機が誘導路上などをゆっくりと動いていくこと

これに対して、管制官は次のように言う。

Roger, taxi to runway 33L.

スリースリーレフト
（了解、33L 滑走路まで地上滑走許可）

着陸した航空機に管制官は次のように言う。

Roger, taxi to your spot. 　（ 駐機場までの地上滑走許可）

⑤ **気象情報**

　飛行機にとって風に関する情報はきわめて重要。

　離陸前には、風向と風力が管制官からパイロットに伝えられる。

$$\text{Wind 270 at 8 knots.}$$　（真西の風、風力 8 ノット）

トゥーセヴンゼロ

風が強いときは、継続的にパイロットに情報が提供される。

$$\text{Wind check, 300 at 15.}$$　（風向 300 度、風力 15 ノット）

スリーゼロゼロ　ワンファイヴ

風向や風力などが変われば、

$$\text{Wind 310 at 14.}$$　（風向 310 度、風力 14 ノット）

スリーワンゼロ　ワンフォー

ちなみに

　風が不安定なときは

$$\text{Wind variable.}$$　（風は不安定）

　無風の日には

$$\text{Wind calm.}$$　（無風）

飛行機の運航は天候に大きく左右される。特に霧の影響が大きい。目的地の空港まで飛んでも、霧で着陸できないことがある。そのときはしばらく天候の回復を待つ。

最終着陸体勢に入っても滑走路が見えない場合は、パイロットは管制官に次のように伝え、もう一度上昇する。

$$\text{Missed approach.}$$　（着陸断念）

何度試みても着陸できず、代替空港へ向かうときは

Request destination, change to Osaka due to weather.

（悪天候のため大阪への変更を要求）

そういえば

日常生活でも数字は重要な情報。

① 緊急電話
中でも国による緊急電話番号のちがいはおもしろい。
英米の「911」は、日本の「110」や「119」と似ている。
なぜか1と9が共通に使われている。

このような番号が決められたのは、ダイアルを回す方式の時代だったので、急いでダイアルを回す必要があった。
そんなとき、一番速く戻るのが1だったため、多く使われた。

111にすれば一番速いが、子供がいたずらする恐れがあり、それを防ぐため、11のあと1つはあえて長く回す9とか0が使われた。

② 年号
1960年は、nineteen sixty、2013年は、twenty thirteen と2ケタずつ発音する。ところが、2005年のような場合は、two thousand five というように読まれる。

また、1970年代というような年代の場合は 1970s と複数形にする。

日本式の年号で平成２５年を表現する場合は

in the 25th year of Heisei

③　日付

日付の場合には、〜番目という「序数」が使われる。そのため、手紙などに書かれた日付は序数の読み方をしなければならない。
例えば、December 10　と書かれていれば、10 は　ten　ではなく、tenth　と発音する。

手紙などに書く日付は英米でちがう。
　　アメリカでは　　「月・日・年」　　　December　10,　2013
　　イギリスでは　　「日・月・年」　　　10　December,　2013

④　時刻

　8：00 ならば、eight o'clock　とか単に eight　と読む。

　12：00 ならば、twelve o'clock あるいは単に　twelve　と言う。

しかし、時刻は１日に２回あるので、区別するために午前と午後を使う。
英語では、A.M. か　a.m. 、P.M.　か　p.m. を付ける。
日本語では「午前８時」とか「午後８時」と時間の前に付けるが、英語では後ろに付ける。

　　8:00 A.M.　　　　8:00 a.m.

12 時の場合は、「午前」とか「午後」よりも、「昼の」、「夜の」の方がわかりやすい。

　　12:00 midday　　　12:00 midnight

⑤　気温

気温は degree(s)（度）という単位を使う。

　　28° ならば、　twenty-eight degrees

　　摂氏を付けるなら、　twenty-eight degrees Celsius

ちなみに

英語では、摂氏は Celsius 、華氏は Fahrenheit。
この２つに共通している「氏」という漢字は人名を意味している。
摂氏の方は、中国人の考案者の摂爾修に「氏」を付けた表記。
華氏の方は、ドイツ人の考案者のファーレンハイト（中国語で華倫海特）に「氏」をつけた表記。

⑥　度量衡
長さの単位　　meter　　　millimeter　　　centimeter　　　kilometer
重さの単位　　gram　　　milligram　　　kilogram
面積の単位　　hector
体積の単位　　liter　　　deciliter
などがある。

以下の語は単位を表している。
　　milli- ＝1000 分の 1　　　centi- ＝100 分の 1

　　deci- 　＝10 分の 1　　　kilo- ＝1000

　　hect- 　＝100
なお、meter と gram という単語は英米でつづりが異なっている。
　　　アメリカ　　　　　　meter　　　　gram
　　　イギリス　　　　　　metre　　　　gramme

イギリス式のつづり metre は「メートル」、アメリカ式のつづり
meter からは「メーター」が連想される。
本来英語では同じことばだが、つづりからちがう日本語が生まれた。

似たような例に、液体を量る単位の liter がある。
アメリカでは liter だが、イギリスでは litre とつづる。
それが日本語になると「リッター」と「リットル」。
なお、容量を表す単位の cc だが、これは英語の cubic centimeter
の短縮語。

（2）命令文はクリア！

空のコミュニケーションには指示・命令が多い。

Stand by for start-up.　（出発まで待機せよ）

Commence taxi.　（地上滑走を開始せよ）

Follow your company 777 on your right.
（右側の貴社ボーイング 777 のあとに続け）

Turn left E-2.　（左折し誘導路Ｅ－２に入れ）

Hold short of runway.　（滑走路手前で待機せよ）

Hold your position.　（現在地で待機せよ）

Cross runway 32R.　（32 番右滑走路を横断せよ）

Taxi into position and hold.　（滑走路に入り停止せよ）

Maintain flight level 230.（高度 23,000 フィートを維持せよ）

Fly heading 070 for spacing.
（他機と間隔をとるため、機首方位 70 度で飛行せよ）

Reduce 250.　（250 ノットに速度を下げよ）

Say heading now.　（現在の機首方位を報告せよ）

Continue approach.　（空港への接近を継続せよ）

Descend and maintain 3,000.

（降下し、高度 3,000 フィートを維持せよ）

Pick up T-3 and taxi to your spot.

（誘導路 T-3 を通りスポットまで進め）

Remain on this frequency.　（この周波数を保持せよ）

そういえば

命令文は日常生活でも注意書きとしてよく使われている。

Keep out.　（立ち入り禁止）

Hold your baggage.　（リュックはかかえてください）

Watch your step.　（足元注意）

Watch for sudden stops.　（急停車に注意）

Keep to the left here.　（ここでは左側通行）

Push button to flush.

（使用後にボタンを押して水を流してください）

Pass hand in front of sensor.

（センサーに手をかざしてください）

Be careful of closing door.

（閉まるドアにご注意ください）

Hold handrail and keep feet within yellow lines.

（手すりにつかまり黄色い線の手前にお立ちください）

Do not rush.　　（かけ込み禁止）

Do not throw rubbish.　　（ポイ捨て禁止）

Do not lean on the fence.
（柵への寄りかかりはおやめください）

Do not splash water or detergent on the product.
（製品に水や洗剤をかけないでください）

Please prepare correct money.
（つり銭は出ませんのでご注意ください）

Please switch your phone to vibration mode.
（車内ではマナーモードにしてください）

Please confirm your emergency route with this map.
（この地図で自室からの避難経路を必ずご確認ください）

Please keep your valuables in the room safe.
（貴重品はお部屋のセーフティボックスへお入れください）

Please do not touch exhibited objects.
（展示資料にさわらないでください）

Please do not leave your luggage behind.
（手荷物をお忘れなく）

Please turn off mobile phones in the vicinity of

priority seat.
（優先座席付近での携帯電話のご使用はお控えください）

ちなみに

駅のホームには次のような注意書きがある。

Please wait in two lines. （二列に並んでお待ちください。）

同じ意味だが、別の表現もある。

Line up in twos.

Line up は「並んでください」という意味。

two に s が付くのは、two（二人ずつ）がたくさんあるという意味。

日本語の二列は、タテに列が 2 本並ぶと見るが、英語では二人組がタテに並んでいると見る。

5. 人間的なコミュニケーション

(1)あいさつ

①別れのあいさつ
朝は「Good morning.」、午後は「Good afternoon.」、夜は「Good evening.」。

日本人は「Good morning.」や「Good afternoon.」は人と出会ったときに使うと思っているが、英語では別れるときにもふつうに使う。

朝、離陸していく飛行機に対し、管制官が「Good morning.」と言い、それにパイロットが「Good morning.」と返して交信を終える。

ちなみに

「Good morning.」は日本語の「おはよう」といくつか違いがある。「おはよう」は午前10~11時ごろまでで、昼に近くなると「こんにちは」に変わる。一方、英語の「Good morning.」は morning（午前中）なので正午まで使われる。

その他、よく耳にするのは「Good day.」。

「Good day.」は昼間、飛行機が離陸していくときに「Good by.」の代わりに使われる。

C : Radar service terminated, contact Osaka Approach
（レーダー追跡終了、大阪アプローチと交信せよ）

P : Thank you, good day. （ありがとう、さようなら）

C : Good day, sir. （さようなら）

「Good night.」は夜間、「Good by.」の代わりに使われる。

C : Turn right C-5.（右折し誘導路 C-5 に入れ）

　　Contact Ground.（グラウンド管制官と交信せよ）

P : Roger, C-5, contact Ground.（了解、C-5、グラウンドと交信　）

　　Good night, sir.　（おやすみなさい）

「Good by.」だけでなく、「So long.」も使われる。

C : Contact Tokyo Control.（東京管制本部と交信せよ）

P : Roger, contact Tokyo Control. So long.

　　（了解、東京管制本部と交信、さようなら）

C : So long.（さようなら）

②お礼のことば

ふつうの会話の「Thank you.」や「You're welcome.」も使われる。

高度変更を指示された管制官にパイロットはお礼を言う。

C : Revise clearance , maintain flight level 26…

　　correction, 160.

　　（管制承認訂正、高度フライトレベル 26… 訂正、160 で飛行せよ）

P : Roger, maintain 160.（了解、フライトレベル 160 ）

　　Thank you.　（ありがとう）

離陸を待たせた航空機に管制官はこう言う。

C : Thank you for cooperation, taxi into position and

hold. （協力ありがとう、滑走路に入り、停止せよ）

指示を確認してくれた管制官にパイロットはこう言う。

P : Cleared for ILS, 33R?

（33R 滑走路への ILS 進入の許可か？）

C : That's correct. （そのとおり）

P : Thank you. （ありがとう）

着陸時に風の状況を逐次通報してくれた管制官にパイロットはこう言う。

C : 350 at 14 knots. （風向 350 度、風力 14 ノット）

P : Thank you for cooperation. （協力ありがとう）

C : You're welcome. （どういたしまして）

③お詫びのことば

まちがえたときには「Sorry.」が使われる。

高度の指示を言いまちがえた管制官はこう言う。

P : Report reaching …ah…11,000?

（到達高度は…11,000 か？）

C : Sorry, report reaching 12,000.

（失礼、高度 12,000 フィートに到達次第報告せよ）

(2)ときおり顔を出す主語

「主語の省略」は空の英語の特徴の一つだが、必要なときには主語が顔を出す。

管制官がパイロットにたずねる表現には

We have departure before your landing.

（貴機の着陸前に出発機あり）

Are you ready for pushback?

（プッシュバックの準備完了か？）

You are No.2.　Do you have airport in sight?

（貴機の着陸は2番目。空港は目視できるか？）

パイロットが管制官に機体の揺れを報告するときは

We have turbulence.　（当機乱気流の中）

報告を受けた管制官は後続機にその情報を入手したかどうか確認する。

Did you monitor report of light turbulence from

preceding aircraft?

（前方機から軽度の揺れありとの報告を受信したか？）

無線で呼びかけてきた航空機の便名が不確かなとき、管制官は次のように確かめる。

Is that call sign Skyliner 101?

（今の呼びかけはスカイライン航空101便か？）

管制官からの飛行高度維持の指示を確認するとき、パイロットは次のように言う。

Do you say we should stay 240?

（高度 24,000 フィート維持か？）

刻々と変化する風の状況を着陸機に提供するとき、次のように言う。

I'll give you wind continuously on final course.

（最終着陸態勢時の風の状況を継続的に伝える）

通常の連絡は主語を省略するが、相手や自分の意志を確認するときは主語を付ける。

そういえば

昔流行した「ガンダーラ」の歌詞に
They say it was in India. というのがあった。
They say の they は特定の誰かを指しているのではなく、「一般的な人々」という意味。したがって、They say は「〜と言われている」と訳す。

その他、日常使う英語表現の中にも、一般的な人々を指す意味の主語がたくさんあり、we, you, they などが使われる。

We had much rain last month. （先月はよく雨が降った）

We should obey traffic rules.（交通規則は守らないといけない）

You never can tell. （先のことはわからない）

What do you call this in English?

（これは英語で何と言いますか？）

They sell delicious bread at that bakery.

（あの店のパンはおいしい）

They speak Spanish in Mexico.

（メキシコではスペイン語を話しています）

They say that he will be a great pianist.

（彼は優れたピアニストになるだろうと言われています）

ちなみに

その他、具体的な主語を使う場合もある。

The weatherperson says that it will snow tonight.

（今夜は雪になると天気予報で言っています）

Today's paper says that the cherry blossoms at the

castle are in full bloom.

（今朝の新聞にお城の桜が満開だと載っていました）

The notice says, "No meeting this week."

（「今週、会議はありません」と掲示されています）

天候や時刻、距離、費用、様態などには it が使われる。

It will be cloudy today.　（今日は曇りでしょう）

It is a quarter past nine.　（今は9時15分です）

It takes about thirty minutes to walk there.

（そこまで歩くと30分ぐらいかかります）

It costs approximately ten thousand yen.

（それは１万円ぐらいかかるでしょう）

It seems that he was on his business trip to Europe

last week. （彼は先週ヨーロッパに出張していたようです）

結論を強調するときも

It is very difficult for me to stop smoking.

（なかなかタバコはやめられない）

It is I who am to blame. （悪いのは私です）

6. フライトを追ってみる

高松空港に向けて羽田空港を出発するスカイライン航空（架空）の
１０１便が管制塔との典型的な交信を紹介する。

●出発5分前

P : Tokyo Tower, Skyliner 101, good morning.

C : Skyliner 101, Tokyo Tower, good morning, go ahead.

P : Skyliner 101, now 5 minutes before to Takamatsu

　　Airport, spot 3, over.

C : Roger, Skyliner 101, advise when ready to start, over.

P : Roger.

●出発時間

P : Tokyo Tower, Skyliner 101, now ready to start, over.

C : Roger, Skyliner 101, stand by clearance, now on request.

P : Roger.

●数分後

C : Skyliner 101, ATC clearance, ready to copy?

P : Skyliner 101, go ahead.

C : Skyliner 101, cleared to Takamatsu Airport via Uraga

departure, Yokosuka transition, flight planned route,

maintain flight level 330, squawk 2300, read back.

P : Skyliner 101, cleared to Takamatsu Airport via Uraga

departure, Yokosuka transition, flight planned route,

maintain flight level 330, squawk 2300.

C : Skyliner 101, your read back is correct.

P : Roger.

●プッシュバック

P : Tokyo Tower, Skyliner 101, request pushback, over.

C : Roger, Skyliner 101, pushback approved, runway09, over.

P : Roger, Skyliner 101, cleared for pushback, runway 09.

C : Roger.

●地上滑走

P : Tokyo Tower, Skyliner 101, request taxi, over.

C : Skyliner 101, runway 09, taxi via A-1, over.

P : Skyliner 101, roger, runway 09, taxi via A-1.

C : Roger.

●離陸待機

C : Skyliner 101, hold short of runway.

P : Roger, hold short of runway.

●滑走路進入

C : Skyliner 101, taxi into position and hold, runway 09.

P : Roger, taxi into position and hold, runway 09.

●離陸

P : Tokyo Tower, Skyliner 101, now ready for takeoff.

C : Roger, Skyliner 101, runway 09, wind 250 at 9 knots,

　　cleared for takeoff.

P : Roger, Skyliner 101, runway 09, cleared for takeoff.

●離陸完了

C : Skyliner 101, airborne at 15, contact Departure121.7, over.

P : Roger, Skyliner 101, contact Departure, 121.7, good day.

C : Good day.

　次にスカイライン航空１０１便が高松空港に着陸するときのレーダー管制官との交信を紹介する。

●着陸前交信

P : Takamatsu Radar, Skyliner 101, on your frequency?

C : Skyliner 101, Takamatsu Radar, wind 250 at 7 knots, QNH 2993, runway 27 in use.

P : Roger, 2993, runway 27.

C : Skyliner 101, radar contact, 15 miles northeast of the airport, continue approach.

P : Roger, continue approach.

●数分後

C : Skyliner 101, descend and maintain 18 thousand.

P : Roger, Skyliner 101, descend and maintain 18 thousand.

C : Skyliner 101, turn right heading 200, over.

P : Roger, Skyliner 101, turn right heading 200.

●空港接近

C : Skyliner 101, 10 miles to the airport, contact Tower on

118.5, over.

P : Roger, Skyliner 101, contact Tower on 118.5, thank

you.

●管制塔との交信

P : Takamatsu Tower, Skyliner 101, good morning.

C : Skyliner 101, Takamatsu Tower, good morning,

runway 27, wind 300 degrees at 8 knots, QNH 2993,

continue approach, you are No.2, No.1 Boeing 767 now

on final, over.

P : Roger, Skyliner 101, QNH 2993, now traffic in sight.

C : Roger.

●最終着陸態勢

C : Skyliner 101, descend to 3 thousand, and cleared for

ILS approach, runway 27.

P : Roger, descend 3 thousand and cleared for ILS approach,

runway 27.

C : Roger.

●着陸

C : Skyliner 101, cleared to land runway 27, wind 290 at 6

knots.

P : Roger, Skyliner 101, cleared to land runway 27.

●着陸後

C : Skyliner 101, taxi to your spot via W-taxiway, over.

P : Roger, taxi to spot via W-taxiway, thank you.

＊ この交信内容はすべてフィクションです。

第2章　空の英語に学ぶ

1. キーワードで伝える

（1）意味の伝達を重視する

意味を伝えるうえで重要なのは内容語。
内容語とは名詞・形容詞・動詞・副詞。
それらがキーワードになる。
日本語の文章で言えば、漢字で書かれたことば。
漢字だけを読んでも大体の意味はわかる。
英語でも同じ。
キーワードをおさえれば意味を伝えることができる。

キーワード表現はプラカードに見られる。
例えば、

VOTE LEAVE　　（離脱に投票しよう）

ECO NOT EGO　　（エゴじゃなくエコを）

NO NATURE NO FUTURE　　（自然なくして未来なし）

また、空港内の表示にも多く見られる。

Scheduled　　（定刻）

Will depart　　（変更）

Now arriving　　（ただ今到着）

Check-in 50 mins. prior to departure

　（出発の50分前より受け付けいたします）

キーワード表現の最も有名なものは、ホテルの部屋にカギを忘れて、閉め出され、フロントに助けを求めるときの表現。

Key inside, me outside.

これを応用すれば、乗り継ぎの飛行機に間に合わなかったとき

My flight delayed, missed connecting flight.

ふつうの表現は

My flight <u>was</u> delayed, <u>and I</u> missed my connecting

flight.

(2)キーワード表現を使う

「主語がなくてもいい！」で紹介した、初対面の人に言う Nice to meet you. と初対面の人と別れるときに言う Nice meeting you. には to meet と meeting のちがいがある。
どちらでもいいように思いがちだが、意味がちがう。
to＋動詞の原形を使うのは「これからのこと」について。
ing 形を使うのは「終わったこと」についてである。
例えば

「手紙を出すのを忘れないで」と言うときは

Don't forget to mail this letter.

「手紙を出すのを忘れてしまった」と言うときは

I forgot mailing this letter.

「タバコを吸うために立ち止まった」と言うときは

I stopped to smoke.

「タバコを吸うのをやめた」と言うときは

I stopped smoking.

さらに、身近なキーワード表現を紹介する。

久しぶりに会った人にこう言う。

Long time no see. （お久しぶりです）

ふつうの表現は

It has been a long time since I saw you last.

コーヒーの注文で、クリームだけで、砂糖はいらないときはこう言う。

No sugar, just cream.

ふつうの表現は

I'd like cream, but no sugar in my coffee, please.

(3)キーワード表現にする

キーワード表現の例をいくつか紹介する。

・手にしている物が日本製かどうかたずねるとき

ふつうは　Is this made in Japan?

→　Made in Japan?

・友人が暗い表情をしているとき

Do you have any problem?

→　Any problem?

・「見ているだけです」と言うとき

I'm just looking around.

→　Just looking.

・繁華街行きのバスかどうかをたずねるとき

Does this bus go to downtown?

→　Going downtown?

・相手が驚いた表情を見せたときには

Are you surprised?

→　Surprised?

・相手の順番になったことを伝えるとき

　　　　It's your turn.

　　　→　Your turn.

・「さがし物はここにはありませんよ」と言うとき

　　　　It is not here.

　　　→　Not here.

・「まもなく新大阪駅に着くよ」と言うとき

　　　　We're arriving at Shin-Osaka.

　　　→　Arriving Shin-Osaka.

・呼ばれて「すぐ行くよ」と返事するとき

　　　　I'm coming.

　　　→　Coming!

・道を訊かれて知らないとき

　　　　I'm sorry, but I'm a stranger here.

　　　→　Sorry, stranger here.

・「聞いたことがありません」と言うとき

　　　　I have never heard of it.

→　Never heard.

・「台風がもう１つ来ているよ」と言うとき

　　Another typhoon is coming.

　　→　Another typhoon coming!

・「京都までは１時間かかるよ」と言うとき

　　It takes one hour to get to Kyoto.

　　→　One hour to Kyoto.

・「帰宅するのですか」とたずねるとき

　　Are you going home?

　　→　Going home?

・「何か変わったことはないですか」と訊くとき

　　Do you have any news?

　　→　Any news?

・招かれたことへのお礼を言うとき

　　I'm delighted to be here.

　　→　Delighted to be here.

・よい知らせを聞いたとき

I'm glad to hear that.

→　Glad to hear that.

・欲しかったものをプレゼントされたとき

This is just what I wanted.

→　Just what I wanted.

・相手が疲れていると思ったとき

You must be tired.

→　Must be tired.

・「今日は休みだ」と言うとき

I am off today.

→　Off today.

・「次はうまくいくよ」と相手を慰めるとき

Maybe you will succeed next time.

→　Maybe, next time.

・私語はダメだと注意するとき

Talking is not permitted here.

→　No talking here.

・「この壁はペンキ塗り立てだ」と伝えるとき

> This wall was painted and is still wet.

> →　Wet paint.

・「地下鉄は事故で止まっています」と伝えるときには

> Subway service is suspended due to
> some accident.

> →　Subway accident, out of service.

2. 前置詞を活用する

(1)前置詞は状態を表す

キーワードが主役なら、前置詞は名脇役と言える。
名脇役は目立たないが、ここという場面でいい仕事をする。
状態はふつう形容詞で表すが、前置詞を使えば一語ですむ。
その前置詞にはさまざまなものがある。

・位置に関するもの

above,　against,　among,　around,　at,　behind,

below,　beside,　between,　beyond,　by,　in,

over,　on,　off,　　under など

連語

in front of,　on board,　　on the side of ,　　on top of,

under control など

・時間に関するもの

after,　at,　　before,　between,　by,　during,　for,

from,　in,　on,　past,　since,　through,　till,　to,

within　　など

連語

in advance,　　on occasions,　　on the point of ,

to the last など

・運動に関するもの

across, along, from, into, over, through,

to, toward など

連語

break into tears, break through, come across,

get into など

・目的に関するもの

for, to など

連語

for the benefit of, for the purpose of,

to the advantage of など

・手段に関するもの

by, with など

連語

by air, by all means, by means of, by sea,

by the use of など

・材料に関するもの

from, of など

連語

be composed of, be made from, be made of,

boast of, consist of, make the best of,

run out of など

・原因・理由に関するもの

about, at, from, of, on, with など

連語

be afraid of, because of, be disappointed at,

be proud of, be surprised at, be tired of,

be tired with, be worried about, die of,

on account of, suffer from など

(2)前置詞を使った表現

前置詞を使えば簡潔に説明することができる。
前置詞を使うときは、後ろに必ず名詞がくる。

① 掲示

ON TIME 　（定刻に出発/到着予定）

FOR SALE 　　（販売品）

NOT FOR SALE 　　（非売品）

Not for drinking 　　（飲み水ではありません）

UNDER CONSTRUCTION 　　（建設中）

② 会話

After you. 　（どうぞお先に）

At your convenience. 　　（あなたのご都合に合わせます）

In fact, … 　（実際のところ）

In general, … 　　（一般に）

In short, … 　　（早い話が）

For here or to go?
（店内でお召し上がりでしょうか、お持ち帰りでしょうか）

For or against? 　　（賛成ですか、反対ですか）

From time to time.　(たまにね)

Just between us.　　（ここだけの話だが）

Like always.　(いつものことだろ？)

Without tax.　　（税金は別です）

With pleasure.　(喜んで)

With breakfast?　　（朝食代は含まれていますか）

With cream and sugar?（クリームと砂糖を入れますか）

(3)前置詞はこんなに便利！

前置詞を使った便利な表現を紹介する。

・プレゼントを手渡すとき

→　This is for you.

・おなかがいっぱいでデザートはいらないとき

→　No space for dessert.

・「いろいろ事情があって」と断るとき

→　For many reasons.

・自分の会社名を言うとき

→　From　○○　Company.

・小麦でできている（原料）

→　Made from wheat.

・コンクリートでできている（材料）

→　Made of concrete.

＊目で見て何でできているかがわかるときは of を使う。

・回送中（乗れません）

→　Not in service.

・制作途中

→　Work in progress.

・苦境に立っている

→　In difficulties.

・家の中へ入ろう！

　　→　Into the house!

・取扱注意

　　→　Handle with care.

・会議中

　　→　At a meeting.

・難しくてわからない

　　→　Above my understanding.

・私より上役

　　→　Above me in rank.

・海抜5メートル

　　→　5 meters above sea level.

・平均以下

　　→　Below average.

・氷点下

　　→　Below freezing point.

・到着次第

　　→　On arrival.

・着払い

　　→　Cash on delivery.

・修理中

　　→　Under repair.

・無理

　　　→　Beyond my ability.

・思うようにならない

　　　→　Beyond my control.

・ここから先にトイレはありません

　　　→　No toilet beyond here.

3. 語いをコントロールする

（1）品詞に強くなる

英語の語いを増やすには品詞に注目することが大事。
まずは、動詞に着目し、その名詞形、形容詞形、副詞形の４つを
図式化することが有効。
例えば、

名詞 ←	動詞 →	形容詞 →	副詞
action	act	active	actively
care	care	careful	carefully
		careless	carelessly
end	end	endless	endlessly
		ending	―
formation	form	formal	formally
pleasure	please	pleased	―
		pleasing	pleasingly
repetition	repeat	repeated	repeatedly
		repeating	―
success	succeed	successful	successfuly

＊品詞形が４つそろわないものもある。

名詞	←	動詞	→	形容詞	→	副詞
introduction		introduce		introductory		—
melting		melt		melted		—
				melting		—
maintenance		maintain		—		—

品詞にはそれぞれ特有の語尾があり、中でも名詞と形容詞ははっきりしている。

名　詞・・・-tion, -sion, -ment, -ing, -ture, -ance, -ness, -ty, -cy, -age, -ery, -th, -al, -y など

形容詞・・・-ive, -able, -ful, -less, -ous, -y, -ic, -al, -ite, -ate など

プラス　-ing（現在分詞形）と-ed（過去分詞形）

また、ある品詞が別の品詞になるときにもはっきりとしたパターンがある。

名詞のつくられ方

・動詞 → 名詞

-ment	development refreshment
-tion	introduction relation translation
-sion	expansion
-ing	happening meaning listening
-ture	mixture
-th	growth
-al	revival survival
-y	discovery

・形容詞 → 名詞

-ty	honesty majority safety
-cy	accuracy currency privacy
-ance	acceptance
-ness	looseness sickness sweetness
-ce	silence violence independence
-age	shortage

動詞のつくられ方

　・名詞 → 動詞

-ate	originate
-ize	authorize dramatize organize
-en	lengthen lighten
-ify	glorify signify

・形容詞 → 動詞

-en	broaden shorten loosen fasten
-ize	criticize realize nationalize
-ify	justify purify

形容詞のつくられ方

・名詞 → 形容詞

-al	commercial cultural national
-ous	ambitious humorous mysterious
-y	angry healthy hungry
-ic	atomic basic dramatic
-ful	beautiful cheerful joyful
-less	helpless hopeless thoughtless

-ite   favorite

-ate   fortunate

・動詞 → 形容詞

-able   changeable   enjoyable   valuable

-ive   active   attractive   creative

-ing   amazing   charming   exciting

-ous   continuous   various

-ed   advanced   excited   interested

＊不規則変化動詞の過去分詞

broken   frozen   lost   written

副詞のつくられ方

・形容詞 → 副詞

-ly   actively   carefully   slowly

-s   out-doors

上記のように、タイプ分けすることで語尾から品詞が推定できる。
知らない語があったとき、４つの品詞形の１つでも知っていれば、
おおよその意味をとらえることができる。
品詞に強くなると語いの使い分けがうまくなる。

(2)現在分詞・過去分詞は形容詞

品詞は英語で「part of sentence」と言う。
つまり、品詞は英文をつくるパーツなのである。
単語の品詞をつかむことによって、その語が英文の中でどう使われているかがわかる。

英文の中での各品詞の役割

・名詞は文の中では、主語、目的語、補語になる。

<u>Soccer</u> is exciting.　（主語）

I have <u>a toothache</u>.　（目的語）

I am <u>a student</u>.　（補語）

・動詞は述語になる。

I <u>swim</u>.　（述語）

・形容詞は名詞を修飾する。

<u>beautiful</u> flowers

・形容詞は be 動詞や一部の一般動詞のうしろについて補語としても使われる。

These flowers are <u>beautiful</u>.

These flowers look <u>beautiful</u>.

・副詞は動詞を修飾するほか、形容詞や他の副詞も修飾する。

I ran <u>fast</u>.

<u>very</u> beautiful flowers

Thank you <u>very</u> much.

このように品詞の役割ははっきりしている。

実際のコミュニケーションで重要なのが形容詞。
実は、現在分詞と過去分詞も形容詞として働く。

現在分詞は「進行形」で使われている　→　「今〜している状態」

過去分詞は「受身」で使われている　→　「〜された状態」

日常生活でもこの２つの「状態を表す表現」がよく見られる。
例えば、
　予約席　　　　　　　　RESERVED

　まもなく到着　　　ARRIVING

学校で、「走っている少年」は a running boy、「日本製の車」は
a car made in Japan　と教える。だが、進行形の ing 形が「現在分
詞」と呼ばれることは少ない。それが「形容詞」だとも教えない。

-ing 形の形容詞はたくさんあるが、それらはもともと現在分詞。
例えば、

interesting　（興味深い）　　promising　（将来有望な）

surprising　（驚くべき）　　striking　　（目立つ）

sleeping　（眠っている）　　shining　（輝いている）

動詞に ing をつけることで「その動作をしている状態」を表す形容詞として使える。
例えば、

   missing page　（落丁）

   shooting star　（流れ星）

   hanging scroll　（掛け軸）

   expecting mother　（妊婦）

   revolving door　（回転ドア）

   breaking news（ニュース速報）

   folding umbrella（折りたたみ傘）

   living national treasure　（人間国宝）

一方、過去分詞という名前は、「受動態＝be＋過去分詞」と教えるので、その名前は広く知られているが、過去分詞が形容詞だとは知られていない。

過去分詞には、規則変化と不規則変化がある。
例えば、

  規則変化　　advanced　　excited　　interested　など

  不規則変化　broken　　frozen　　lost　　written　など

形容詞として定着している過去分詞の例
  hidden　（隠れた）　　　　acquired　（後天的な）

armed（武装した）　　　beloved（最愛の）

celebrated　（名高い）　　contented　（満足している）

complicated　（複雑な）　　cultured　（教養のある）

distinguished　（名高い）　experienced　（経験豊かな）

fixed　（固定した）　　　melted　（溶けた）

prepared　（準備された）　repeated　（繰り返された）

過去分詞が名詞とともに使われる例

boiled egg（ゆで卵）　　　fried egg　（炒り卵）

used car（中古車）　　　　folded paper crane（折り鶴）

oversized garbage　（粗大ゴミ）　canned food（缶詰）

polished rice　（白米）　　vinegared rice　（すし飯）

mixed chorus（混成合唱）　processed food　（加工食品）

enlarged copy　（拡大コピー）　reduced copy　（縮小コピー）

（3）分詞はこんなに便利！

現在分詞や過去分詞は、ふつうの形容詞として身近なことばにも多く使われている。

トビウオ	→	flying fish
パイプいす	→	folding chair
吊り橋	→	hanging bridge
水道水	→	running water
障子・ふすま	→	sliding door
留守番電話	→	answering machine
脇役	→	supporting actor / actress
主役	→	leading actor / actress
貿易相手国	→	trading partner
産油国	→	oil-producing country
客員研究員	→	visiting research worker
在外邦人	→	Japanese living overseas
おみくじ	→	fortune-telling lots
色紙	→	colo(u)red paper

粉薬	→	powdered medicine
再生紙	→	recycled paper
限定販売	→	limited sale
揚げ物	→	fried food
点線	→	dotted line
ビン入りジュース	→	bottled juice
アイスコーヒー	→	iced coffee
海苔	→	dried seaweed
刺身	→	sliced raw fish
ガリ	→	pickled ginger
エビフライ	→	deep-fried prawn
コーヒーゼリー	→	coffee-flavo(u)red jelly
筆記試験	→	written test
有給休暇	→	paid vacation

4. 日本語からのテイクオフ

（1）直訳では無理なことがある

日本文には「主語がない」という特徴があり、英文には「無生物を主語にする」という特徴がある。英文をつくるうえでこの特徴を生かすと自然な英文がつくれる。
例えば、

日本文　→　騒音で目が覚めました。

英　文　→　The noise awoke me.

日本文　→　この曲を聴くと悲しくなります。

英　文　→　This melody makes me feel sad.

日本文　→　この地図を見ればそこへ行けます。

英　文　→　This map will show you how to get there.

日本文　→　この町では毎週日曜日市場が開かれます。

英　文　→　This city has an open-market every Sunday.

日本文　→　最近車の運転にはまっています。

英　文　→　Driving is my latest enthusiasm.

＊latest は「最近の」という形容詞
enthusiasm は「熱中するもの」という意味

（2）日本語特有の表現を言い換える

中・高で学んだ和文英訳は直訳ですむレベルのもの。ところが、実際に英語を話そうとすると、直訳では無理なことが多い。
例えば、

   日本文　「遊びに来てください」

  直　訳　　Please come to play.

これでは「play って何をするの？」と相手が疑問に思うため

   →　　　Please come to see me.

   日本文　「この部屋を使ってください」
       （泊まり客を部屋に案内したとき）

  直　訳　　Please use this room.

これでもわかるが、下の方が自然な英語

   →　　　This is your room.

これは通訳をするときの要領の１つ。
聞いた日本語を英語にするとき、日本語特有の表現が使われることが多い。例えば、「親のすねをかじる」ということばを聞いたときには、瞬時に「親の支援を受ける」ということばに言い換えればよい。また、「苦肉の策」なら、「最後の手段」に言い換える。

英語で話そうとするとき、どうしても直訳しがち。それを防ぐには、日本語特有の言い方を、英語に合うような日本語に置き換える練習が必要。その練習を重ねることで、英語に訳しやすくなる。

（3）日本語特有の表現を英語に訳すドリル

お手頃な　　　→　安価な　　　→　reasonable

水に流す　　　→　忘れる　　　→　forget

さじを投げる　　→　あきらめる　　→　give up

額に汗して働く　→　一生懸命働く　→　work very hard

息抜きをする　→　短い休憩をとる　→　take a short rest

お茶にする　　→　休憩する　　　→　have a break

口に合わない　→　きらいだ　　→　don't like

行き当たりばったりで　→　計画無しに　→　without any plan

さっぱりする　　→　リフレッシュする　　→　feel refreshed

業を煮やしている　→　怒っている　→　be angry about …

事なかれ主義の　→　安全第一の　→　safety-first

〜に手こずる　→　〜の問題をかかえる　→　have trouble with …

すし詰めである　→　いっぱいの　→　be packed full

玉虫色の　→　あいまいな　→　not clear

手に汗握る　　→　はらはらする　　→　exciting

手も足も出ない　→　とても難しい　→　very difficult

猫の手も借りたい　→　とても忙しい　→　be very busy

重い腰を上げる　→　ついに決める　→　finally decide to …

手はずを整える　→　〜の準備をする　→　prepare for …

手間取る　→　時間がかかる　→　take time

身が入らない　→　〜に集中できない　→　can't concentrate on …

元も子もなくなる　→　すべてを失う　→　lose everything

藪から棒に　→　突然に　→　suddenly

どういう風の吹き回しか　→　何かの理由で　→　for some reason

めどがついた　→　先が見える　→　… is in sight

口を酸っぱくして言う　→　何度も何度も言う

　　　　　　　　　　　　　　　　→　tell again and again

尻切れトンボになった　→　終えることが出来なかった

　　　　　　　　　　　　　　　　→　could not finish

雲泥の差がある　→　大きな差がある

　　　→　there is a great difference between A and B

（上記以外にも訳はいくつか考えられる。）

5. リード・バックからリード・アラウドへ

(1)音読をくり返す

日本では英語にふれる機会は少ないため、自分から進んで英語にふれるようにしたい。

音読の効果は絶大。声を出して何度も同じ英文を読むことで、意味と表現とが頭の中で結びつく。

同じ音楽ＣＤを何回も聴いていると、曲と曲の間の空白の時間に次の曲の出だしのメロディーが自然に浮かんでくるようになる。
つまり、同じ刺激を何度も繰り返し受けると、脳が自然に反応するようになる。
英語の学習においてもこの反応を生かすべき。
音読には「意味がわかりやすい英文」を選ぶとよい。
選ぶときには、会話文では表現のパターンに限りがあるので、説明文や物語などがよい。
連続で 10 回、20 回とくり返す。そのとき必ず回数を記録する。
そうすると自然に無理なく英語の表現が身についていく。

音読することは単にスピーキングの練習になるだけでなく、自分の声を自分で聞くことでリスニングの力もつく。
自分が発音できるようになれば、その音が聞き取れるようになる。
したがって、音読するときに「英語特有の発音」を心がければ、リスニングの力が飛躍的に伸びる。

「英語特有の発音」を心がけるときのポイントとは何か。
注意点が３つある。

- ・正しいアクセント
- ・丁寧な子音の発音
- ・連音

（2）正しいアクセント

英語の発音のポイントは、まず「アクセント」。日本語のアクセントが「高低」であるのに対し、英語は「強弱」。
つまり、英語を発音するときには、アクセントのある部分を意識して「強く」発音しなければならない。
アクセントが変われば意味が変わることもあるので、正しい位置を知る必要がある。

新しい単語を覚えるときには、必ず辞書でアクセントの位置を確かめて、定着するまでアクセント符号を付けるようにするとよい。

以下の語をアクセントの位置に注意して発音してみよう。

accessory　　allergy　　badminton　　Brazil

calendar　　canoe　　career　　concrete

damage　　detail　　diamond　　elevator

energy　　engineer　　equal　　escalator

helicopter　　Honolulu　　idea　　image

Iran　　Iraq　　macaroni　　message

oasis　　Oceania　　octave　　okra

Olympic　　opal　　Othello　　pajamas

percent　　Peru　　pyramid　　relay

sandwich　　series　　success

正しいアクセントの位置を確認してみよう。（以下に示す音節にある）

・第一音節

al-ler-gy   bad-min-ton   cal-en-dar   con-crete

dam-age   de-tail   di-a-mond   el-e-va-tor

en-er-gy   e-qual   es-ca-la-tor   hel-i-cop-ter

im-age   mes-sage   oc-tave   o-kra

Olym-pic   o-pal   pyr-a-mid   sand-wich

se-ries

・第二音節

ac-ces-so-ry   Bra-zil   ca-noe   ca-reer

i-de-a   I-ran   I-raq   o-a-sis

O-thel-lo   pa-ja-mas   per-cent   Pe-ru

re-lay   suc-cess

・第三音節

en-gi-neer   Hon-o-lu-lu   mac-a-ro-ni

O-ce-a-nia

（3）子音の発音を強く

「通じる英語」を考えるとに日本人の発音のくせが問題になる。それは子音の発音が弱いことである。

実際、ネイティブ・スピーカーは子音を強く発音するのに対し、日本人は[t]や[f]などを発音する場合、あとに母音を付けがちになるので、子音の発音が弱くなってしまう。
相手に伝えることを考えれば、母音よりも子音の方が重要。

子音は聞くときに識別上大きな役割を果たすが、文字に書かれたときも同様である。
例えば、道路の案内表示に、HIGHWAY という語が HWY と書かれたり、ワゴン車の車体に WGN と、母音を省略して書かれていたりする。

このように、子音は識別の際に有効。子音で終わる語が多い英語を発音するときには、意識して子音を強くていねいに発音しなくてはならない。

以下の語を子音に注意しながら発音してみよう。

①　語尾の[d]・[t]・[id]

「過去」という重要な情報を表すため、語尾は強くはっきりと発音する。そうしないと、動詞なのか形容詞なのかがわかりにくくなる。

[d]

[l＋d]

boiled　bottled　called　grilled

[dʒ+d]

arranged   changed   challenged   damaged

[i +d]

carried   cried   enjoyed   fried   hurried

[n+d]

explained   happened   learned   turned

[m+d]

charmed   climbed   named   steamed

[z+d]

caused   closed   pleased   surprised   used

[t]

  [k+t]

asked   checked   liked   looked   talked

  [s+t]

crossed   fixed   missed   passed   sliced

  [ʃ+t]

finished   pushed   wished   washed

[p＋t]

dropped　　helped　　hoped　　stopped

[id]

[t＋id]

appreciated　　excited　　interested　　printed

[d＋id]

decided　　folded　　guided　　included

② 語尾の [s]・[z]・[iz]

名詞の場合、単数か複数かを表すため、語尾は強くはっきり
と発音する。また、動詞の語尾にも付くので注意。

[s]

[k＋s]

blocks　breaks　drinks　gymnastics　works

[p＋s]

camps　　groups　　hopes　　shops　　steps

[t＋s]

accidents　contacts　facts　points　wants

[z]

　　[g＋z]

　　bags　jogs　paintings　sings　songs　things

　　[d＋z]

　　cards　　gods　　goods　　guides　　minds

　　[v＋z]

　　curves　　gloves　　lives　　loves　　moves

[iz]

　　[s＋iz]

　　dances　　courses　　faces　　spaces

　　[tʃ＋iz]

　　beaches　　branches　　speeches　　teaches

　　[z＋iz]

　　amuses　　causes　　chooses　　roses　　uses

日本語では言いやすいように語尾の-s を[ス]と変えてしまうが、英語として発音するときは[z]とすべきである。

　　ピクルス　pickles [z]　ジェームス　James [z]

（4）連音

連音とは、単語と単語をつないで発音する方法。ネイティブ・スピーカーの話す英語が速く聞こえるのは連音のせい。自分で連音の発音ができるようになると聞き取りが楽になる。

連音には３つのパターンがある。

① 「２つの音のうち１つが省略される」

　　・同じ音が続く場合、前の音が省略される。

　　　[t - t]　　visit to

　　　[th – th]　with them

　　　[k – k]　take care

　　　[p – p]　sharp pain

次の連音を発音してみよう。

　　forget to　　it to　　　　get together　　　great time

　　at the　　　get there　　　visit there

　　・似た音の場合、前の音が省略される。

　　　[t – d]　　straight down

　　　[d – t]　　had to

　　　[t – th]　　about this

　　　[d – th]　　glad that

次の連音を発音してみよう。

kind to　need to　tried to　had the　what did

② 「２つの音が互いに影響し合う」

Can you　[キャンニュ]　　in your　[インニュア]

of your　[オヴュア]　　Could you　[クッジュ]

Don't you　[ドウンチュ]　ask you　[アスキュ]

help you　[ヘルピュ]　　up your　[アッピュア]

次の連音を発音してみよう。

on your　　open your　　when you

Would you　behind you　called you

Does your　　Is your　　Was your

close your　about you　　meet you

put your　　take you　　ask you

③ 「語尾の音が次の語頭の音とつながる」

・次の音が[ア]

take a　[テイカ]　　　take us　[テイカス]

bring up　[ブリンガップ]　takes us　[テイクサス]

at a　　[アッタ]　　write a　[ライタ]

did a　[ディッダ]　　had a　[ハッダ]

made up　[メイダップ]　such a　[サッチャ]

an hour　[アンナワ]　　in a　[インナ]

in American [インナメリカ]　on a　[オンナ]

one hour　[ワンナワ]　come up　[カマップ]

Shall I　[シャライ]　　for a　[フォアラ]

have a　[ハヴァ]　　what I　[ふァッタイ]

Should I　[シュッダイ]　Did I　[ディッダイ]

Can I　[キャナイ]　　When I　[ふェナイ]

had an　[ハッダン]

・次の音が[イ]

here is　[ヒヤリズ]

in English　[イニングリッシュ]

put it into　[プティッティントゥ]

arriving in　［アライヴィンギン］

appreciate it　［アプリーシエイティット］

interested in　［インタレスティッディン］

an international　［アニンターナショナル］

an excursion　［アニクスカーション］

an emergency　［アニマージェンスィ］

・次の音が［オ］

at all　［アットール］　　get on　［ゲトン］

put off　［プトフ］　　it on　［イトン］

out of　［アウトヴ］　　one of　［ワンノヴ］

turn off　［ターノフ］　　work on　［ワーコン］

kind of　［カインドヴ］　care of　［ケアロヴ］

depend on　［ディペンドン］

sitting on　［スィッティンゴン］

in Australia　［イノーストレイリア］

an opportunity　［アノポチューニティ］

第3章　空の英語を活かす

1. 自分で訓練する

(1)自己表現

パイロットはフライト・シミュレータを使って、厳しい状況の中でも安全に飛行するための訓練を日々受けている。それと同じように、英語を自分の生活に活かすには自分で質問をつくり、それに英語で答える練習をするのがよい。

例えば、昨日の夕食に何を食べたかを訊かれたとして、質問文とその答えを即座に言ってみる。

Q : What did you eat for dinner yesterday?

A : I ate fried rice.

そして、それに関連した質問をいくつか続ける。

Q : Will you tell me how to cook fried rice?

A : Sure. First, cut vegetables.

Q : What kinds?

A : Well, onions, carrots, green peppers, and garlic.

   I cut them into small pieces.

Q : What do you do next?

A : I fry small pieces of beef and those vegetables.

   With a little of olive oil in a frying pan.

Q : What do you do after that?

A : I put rice into the frying pan and put salt and

    pepper on it.

あるいは、旅行に行ったときのことを訊かれたとして、同じように
やってみる。

Q : Where did you visit during the golden week?

A : I visited Nanki-Shirahama.

Q : With whom did you go there?

A : With my whole family.

Q : How many days did you spend there?

A : Three days.

Q : How did you get there?

A : By car.

Q : How was the trip?

A : Oh, I really enjoyed it.

    Especially 'Adventure World' was a lot of fun.

    And also I enjoyed taking a hot bath there.

(2)日本の紹介

私たちが英語を使うときは、当然相手は外国の人のはずである。その場合、日本について質問されることが多い。
そんな質問を想定して、英語で答える練習をするのもよい。
例えば、「なぜ日本人はふだん和服を着ないのか?」と訊かれたときの質問文とその答えを言ってみる。

Q : I noticed that few people wear kimono.　But why?

A : People used to wear kimono long time ago.

But kimono is not nice for daily activities.

Western clothes are better.

However, kimono is so beautiful.

So, you can see some people working at

Japanese-style restaurants or traditional shops.

Especially gorgeous kimonos are so beautiful that

people wear them on ceremonies.

For example, wedding receptions, graduation

ceremonies, tea ceremonies, and so on.

あるいは、日本の蒸し暑い夏を日本人はどのように暮らしているのかを訊かれたとして、同じようにやってみる。

Q : Are there any ideas to live comfortably in hot and

humid summer?

A : Yes. We know some good ideas.

For example, we use bamboo blinds to get cool

wind into rooms.

Japanese houses are designed for summer.

They have large windows and sliding doors to be

open toward outside.

At windows we hang wind chimes.

They make us feel nice.

In the morning and in the evening, we sprinkle water

over the roads near our house.

It can cool down the temperature of the area.

And also we enjoy shaved ice to cool down our

throat.

We enjoy its coolness and sweetness with various

kinds of syrup.

2. やさしい英語を使いこなす

(1)基本的な動詞

これまで見てきたように、空の英語には相手が容易に理解できるように工夫されたことがいくつもある。その中で私たちの英語にもぜひ活かしたいのが「やさしい英語を使う」ということである。特に、誰でも知っている「動詞」や「前置詞」をうまく使うことでいろいろな表現が簡単にでき、コミュニケーションがスムーズになる。

そこで、具体的にやさしい動詞と前置詞をいくつか取り上げ、幅広い使い方を紹介する、

①have

コックピットには２人のパイロットが座っている。実際に操縦桿を握るのはどちらか１人。機長が操縦を副操縦士に任せるときには「You have!(君が操縦！)」と言う。すると、副操縦士は即座に「I have!(私が操縦！)」と言って、確認する。

have はいろいろ使える便利なことば。

例えば

・病院で、医師に歩きにくいという症状を伝えるときは、「歩くのに困難さをもっている」と言い換える。

I have difficulty in walking.

何が困難かを伝えるには in のあとに動詞＋ing を使えばよい。

speaking　　eating　　listening

・ひじが痛いということを伝えるときは

I have a pain in my elbow.

in のあとに痛い部位を伝えるとよい。

neck   back   lower back   knee など

・牛乳アレルギーがあるということを伝えるときは

  I have an allergy to milk.

  to のあとにアレルゲンを伝えるとよい。

  egg   wheat   soybean   shrimp など

・肩こりは「こわばった肩をもっている」と言い換える。ただし、肩は両方あるので複数形で表現する。

  I have stiff shoulders.

病名でたくさんあるイメージのものには-s を付ける。

  hives（じんましん）   measles（はしか）

  German measles（風疹）   など

一方、単数形で a を付けるものもある。

  a cold   a fever   a sore throat（喉の痛み）

  a runny nose（鼻水が止まらない）

・食欲がないことを伝えるときは

  I have a poor appetite.

・〜する責任があると言いたいときは

  I have a responsibility to ….

・〜するのは気が進まないと言いたいときは

I have half a mind to ….

・仕方ない、〜するしかないと言いたいときは

I have no other choice. あるいは

I have no choice but to ….

・〜の記憶はないと言いたいときは

I have no memory of ….

・〜について意見はないと言いたいときは

I have no thoughts on ….

・異議はないと言いたいときは

I have no objection.

・〜とは関係ないと言いたいときは

I have nothing to do with ….

また、日常会話でよく使うものに

Please have a seat. （どうぞおかけください）

Please have a rest. （どうぞ一休みしてください）

さらに、have は「〜してもらう」という言い方にも使える。
例えば

・「自分の腕時計の修理をしてもらう」は

　　have my watch repaired

・「髪の毛にパーマをかけてもらう」は

　　have my hair permed

・「髪の毛を茶色に染めてもらう」は

　　have my hair dyed brown

・「パスポートを再発行してもらう」は

　　have my passport reissued

・「手荷物を宅配してもらう」は

　　have my baggage delivered to my home

②take

「離陸する」は take off と言うが、take もいろいろに使える。
身に付けているものを取るときも take off を使う。
例えば
・「上着を脱ぐ」は

　　take off my jacket

・「上着を着る」は

　　put on my jacket

・「きものを着ている」は

 wear a *kimono*

なお、put on とか、take off とか、wear はすべて、身に付ける
ものについて使える。

 hat coat glasses contact lenses gloves tie

 trousers（英）/pants（米） など

・wear は意外なものにも使う。

 wear a mustache （口ひげを生やしている）

 wear perfume （香水をつけている）

 wear a smile （微笑んでいる）

・人やものを移動させるときには

 take 人 to …（人を・・・へ連れて行く）

 take …away （・・・を取り除く）

 take …out of… （・・・を・・・から取り出す）

 take …home （・・・を家に持ち帰る、連れて帰る）

・何かを選んだり、請け負ったりするときには

 take a walk （散歩する）

 take a bite （ひとかじりする）

take a chance 　（一か八かやってみる）

take this one 　（これをいただく）

take turns 　（代わり番こにやる）

take charge of … 　（・・・を預かる、担任する）

take the place of … 　（・・・に代わる）

take advantage of … 　（・・・を利用する）

・行動することには

take action 　（行動を起こす）

take part in … 　（・・・に参加する）

take notes 　（ノートを取る）

take medicine 　（薬を飲む）

take a photo 　（写真を撮る）

take an X-ray 　（レントゲン写真を撮る）

take …'s blood pressure 　（血圧を測る）

take …'s pulse 　（脈を測る）

take a deep breath 　（深呼吸をする）

・日常会話でよく使うものには

Take your time.（ゆっくりでいいよ）

I'll take a day off tomorrow.（明日休みを取ろうと思う）

③make

飛行機が着陸のため空港に近づくときの方法には２つある。１つは目視による方法、そしてもう１つは計器を使う方法。前者はVisual approach、後者は ILS approach と呼ばれる。その方法をとることは make を使って、make visual approach と言う。make はいろいろな動作や決定などを行うときに使うと便利。

   make a toast　（乾杯する）

   make a page　（人を呼び出す）

   make photocopies　（コピーをとる）

   make …'s way　（進む）

   make a reservation　（予約をする）

   make an attempt to …　（～することを試みる）

   make a decision　（決定する）

   make up …'s mind to …　（～する決心をする）

   make a promise　（約束する）

   make the best of …　（～を最大限利用する）

また、make は「人に〜させる」というときにも使う。
例えば
・「人をそこに行かせる」は

   make 人 go there

・「人を怒らせる」は

   make 人 angry

さらに、日常会話でよく使うものに

  Please make yourself at home. （どうぞお楽に）

  Make sure not to be late. （遅れないように）

  Don't make careless mistakes.

  （不注意なまちがいをしないように）

 ④ get

管制塔から出発承認をもらった機長は、地上のスタッフにそのこ
とを、Ground, we've got the clearance. と言って伝える。
get は「もらう、手にする」という意味で幅広く使える。

・「得る」という意味で

  get a visa （ビザをとる）

  get a refund （払い戻しを受ける）

  get a physical checkup （健康診断を受ける）

・状態を伝えるときに便利

get tired　（疲れる）

get dark　（暗くなる）

get seasick　（船酔いする）

get worse　（悪くなる）

get bored　（うんざりする）

get hurt　（けがをする）

get started　（始める）

get rid of …　（…を取り除く）

get acquainted with …　（…と知り合いになる）

get along with …　（…と仲良くやる）

get to know …　（…を知るようになる）

・get は「〜を…の状態にしてもらう、する」というときに使える。

get my hair cut　（髪を切ってもらう）

get my homework finished　（宿題を済ませる）

また、日常会話でよく使うものに

How are you getting along?（元気でやってる？）

You'll get better soon. （じきによくなるよ）

I'll get off here. （ここで降ります）

May I get through? （通してくれますか？）

How do I get there? （そこへはどう行けばいいですか？）

⑤go

無線で交信するときによく使われるのが Go ahead.である。
また、飛行機が滑走路に一旦車輪をつけたあと、また飛び上がるのを touch and go と言う。
go もいろいろな使い方ができる身近な動詞。
・「行く」という意味では

go for a walk （散歩に出かける）

go and see … （…に会いに行く）

go up to … （…に登る）

go to work （仕事に行く）

go abroad （海外に行く）

・状態を伝えるときは

go on …ing （…し続ける）

go on the air （放送される）

go beyond …self （我を忘れる）

go well with …　（…とうまくいく）

go wrong with …　（…とうまくいかない）

・状態の変化を伝えるときは

go bad　（食べ物が腐る、正常でなくなる）

go dead　（充電が切れる、使えなくなる）

go to sea　（船乗りになる）

go to an extreme / extremes　（極端に走る）

・日常会話でよく使うものに

Let's go Dutch.　（割り勘にしよう）

I must be going now.　（もうそろそろ行かないと）

Let's go onto （米） / on to （英） our next topic.
（では次の話題に移りましょう）

(2) be 動詞＋前置詞

パイロットは無線で呼びかけるとき、周波数が正しいかどうかを、With you?（聞こえますか？）と言って確認する。
前置詞を使うと簡単に言え、さらに be 動詞と組み合わせればいろいろな状態も簡潔に表現できる。

① be+in

be in trouble　（困っている）

be in hospital　（入院している）

be in debt　（借金している）

be in charge of …　（…を預かっている、の係をしている）

be in need of …　（…を必要としている）

be in time for …　（…に間に合う）

be in good shape　（問題ない状態である）

be in a hurry　（急いでいる）

be in a good situation　（有利である）

be in an unfavorable (米) / unfavourable (英) situation
（不利である）

be in the red　（赤字である）

be in the habit of …　（…するクセがある）

② be+on

be on fire （火事である）

be on board （乗り物に乗っている）

be on vacation / holiday （休暇である）

be on leave （休暇である）

be on a business trip （出張中である）

be on a diet （ダイエット中である）

be on the alert （警戒中である）

be on the point of … （まさに…しようとしている）

③ be+at

be at work （仕事中である）

be at rest （休憩中である）

be at a loss （どうしていいか困っている）

be at …'s best （一番いい状態である）

④ be+of

be of great advantage to … （…に大いに有利である）

be of no advantage to … （…に少しも有利でない）

⑤ be＋その他

be among the best … （最もいい…に入っている）

be beyond expression （ことばにはならない）

be within walking distance （歩いて行ける距離である）

⑥日常会話でよく使う文

I am at Shibuya. （今渋谷にいます）

I am with you. （同感です）

This is in style now. （これが今の流行です）

We are of an age. （私たちは同い年です）

That train is for Hakata. （あの列車は博多行きです）

Are you against my plan? （私の案に反対ですか？）

I will be in London next week.
（来週はロンドンに行きます）

These are on sale for 50 percent （米） / per cent （英）

off. （これは半額です）

3. チェック・システム

（1）安全確認

安全確認には声に出すことが有効。そのときに英語で確認することで、英語の学習を生活に活かすことができる。

日常生活で安全確認をしたかどうか不安なことがある。例えば、出かけるときに、鍵を閉めたかどうか自信がなく、もう一度戻ることがある。それを防ぐため、鍵をしたあと、次のように声を出して確認するとよい。

Door locked!

また、車を運転するときにも、安全確認は不可欠である。そんなとき、空の英語が役に立つ。
パイロットは、誘導路の曲がり角で必ず左右の安全確認をするとき、次のように言う。

Right clear!　Left clear!

車を運転しているときにこう言って、左右の確認をすればよい。

交差点を右に曲がるときは

Right clear, left clear, turn right!

前方の横断歩道に歩行者がいるときは

Traffic in sight!

さらに、バックミラーに急速接近している車を確認したときは

Traffic approaching!

車の運転だけでなく、電気製品のスイッチの切り忘れを防ぐ
には

Switch off!

危険な作業をする人に注意を促すには

Use caution!

密接を避けるように注意を促すには

Spacing!

*新型コロナウイルス感染を防ぐ呼びかけに、人との距離をと
　る「ソーシャル・ディスタンスイング」ということばが使わ
　れたが、「スペーシング」の方が短くてわかりやすい。

（2）確認と連絡

毎日の生活場面でさまざまな確認がなされている。そのときにも英語を使うとよい。

準備ができたときは

　　　　All set!

点検作業中、項目ごとの終了確認には

　　　　Checked!

また、なにか仕事をやり遂げたときは

　　　　Mission completed!

出かける準備ができたかたずねるときは

　　　　Ready for leaving?

始める用意ができたかたずねるときは

　　　　Ready to start?

帰宅時間が８時半になる予定だと電話連絡するときは

　　　　Estimate home 8:30.

目的地へ移動中に現在地を連絡するときは

　　　　Position report,（現在地名）.

4. ニアミスなカタカナ語

ふだん耳慣れているカタカナ語には英語起源のものが多いため、そのまま英語として通じるだろうと思ってしまう。ところが、中には意味がちがっていたり、英語起源でなかったりすることがある。そこで、身近な例を紹介する。

① サービス

日本語では「無料」という意味になるが、英語では決してそうではない。例えば、「これはサービスです」と言いたいときは
This is free.（これは無料です）とか、This is on the house.（これは当店からのサービスです）と言う。しかし、英語の service とは「務めを果たすこと、人のために仕事をすること」なのである。
「アフターサービス」ということばがあるが、それは after-sales service の省略されたもので、販売した後も製品に責任をもつという意味なのである。
さらに、「モーニングサービス」や「キャンドルサービス」も英語の意味は日本語と大きく異なる。
morning service は「教会での朝の礼拝」のことであり、candle service は「教会で特別な日に行われるロウソクを灯す儀式」のことである。
さらに、service は空の英語でも使われている。航空機が管制空域から出ていくとき、管制官は次のように言う。

Radar service terminated.　（レーダー追跡を終了する）

② コンセント

コンセントは誰もが知る壁に取り付けた電気をとる器具のことであるが、英語ではない。英語では、(electric) outlet とか(wall) socket と言う。では、なぜ日本語でコンセントと言うのだろうか。もしかすると、電気コードがそこに「集中する」ので、concentrate（集中する）ということばを短くしたのではないか。

いずれにせよ、コンセントというカタカナ語は電気とは関係がない。

しかし、そのことばは近年別の意味で耳にすることが多くなった。それは、病院で医師から病状についてくわしく聞き、その情報提供に納得し、治療に関して同意するというときに使われる「インフォームド・コンセント」である。このコンセントは consent であり、意味は「同意、同意する」である。

③ グミ

近頃は次々と新しい食べ物が登場しているが、昔はなかったお菓子に「グミ」がある。ガムのようでもあり、キャンディのようでもあり、名前もとらえどころのない不思議な感じである。英語では、gum candy と言うから、まさにガムとキャンディのあわさったものということになる。もちろん、「グミ」と発音して通じるはずはない。ところが、その gum は「ゴム」という意味である。ゴムと聞けば、rubber と思うだろうが、それは「弾性ゴム」のことで、gum は「粘性ゴム」のことなのである。

さらに、gums となれば、「歯茎」という意味になる。たしかに歯茎の感触はガムを噛んでいるときの感触に似ている。

④ケーキ

日本人にも親しまれている「ケーキ」だが、「おもち」を rice cake と聞くと、なにか違和感を覚えるであろうし、「油かす」は英語では oil cake と知ると、「あれをケーキ と言っていいのか？」と疑問に思う。ところが、cake には「お菓子」という意味のほかに、「平たく、丸い形にしたもの」という意味もあるのである。

⑤ボーリング

外来語を日本語にするとき、つづりが似ている２つのことばを微妙に区別することがある。その１つが「ボーリング」と「ボウリ

ング」である。スポーツの方は「ボウリング」であるが、それは英語の bowling のことである。誰しもボールをころがすのだから、balling だろうと思う。ところが、「玉をころがす」という動詞に bowl というのがあり、その名詞形が bowling なのである。「地面に穴を掘る」という「ボーリング」の方は「地面に穴を開ける」という意味で、「穴を開ける」という動詞の bore の名詞形の boring なのである。

ちなみに、「退屈な」という意味の boring とか、「私は退屈だ」の I am bored. も言ってみれば、心の中に穴が開いた状態だと言える。

⑥ポーチ

女の子が持っている小さなカバンのことを日本語では「ポーチ」と言っているが、英語では pouch で、「パウチ」と発音する。pouch とは「小袋」のことで、日本で売られている冷凍食品にも箱の中の小袋のことをパウチと書いてある。「ポーチ」と発音すれば、英語では「屋根の付いた玄関やベランダ」という意味になる。

⑦リンク

冬の時期にはフィギュアスケートに人気が集まる。そのときよく耳にすることばに「リンク」がある。英語では rink と書く。それは屋内のアイススケート場、ローラースケート場、アイスホッケー場のことである。また、「リンク」と言えば、日本人も「つなぐこと」という意味で使っているが、それは英語で link と書く。

スコットランドの海岸近くのゴルフ場が links と呼ばれている。それは、順番にホールを回って「つないでいく」ことから来ているのかもしれない。

⑥ ハンドル

　今や自動車産業は世界中にビジネスを展開しているから、車に関係する用語は世界共通だと思いがちだが、日本語の言い方は少し英語とちがっている。例えば、「ハンドル」。確かに、 handle ということばあるが、名詞としては「取っ手」、動詞としては「操作する、問題を扱う」という意味になる。それは運転するときの部品名にはならない。「ハンドル」は英語では steering wheel と言う。steer は「操縦する」ということばである。wheel は「輪」「車輪」という意味。ちなみに、「車いす」はそのまま wheelchair と言う。

　ほかにも、いくつかある。「アクセル」というのも英語では、 accelerator と言う。日本語の言い方はそれを短くしたものとも思われる。さらには、「バックミラー」というのも、英語ではない。rearview mirror と言う。

⑨ ウインナー

　ふだんの料理の会話では「ウインナー」とだけ言って、「ソーセージ」を省略することが多い。もちろん、英語として通じるはずはない。「ソーセージ」を言えばまだましなのだが。「ウィンナー」では winner （勝利者）に聞こえてしまわないかとも思える。英語では Vienna sausage と言う。ちなみに、「ウインナー・コーヒー」は Viennese coffee となる。果たしてこの場合の「ウインナー」とは何か？もちろん、オーストリアの首都の「Vienna(ウイーン)」という都市名と「ウイーンの」という形容詞形 Viennese である。オーストリアはドイツ語が使われており、ウイーンは Wien とつづる。ただし、ドイツ語では W を V と発音するので英語でも Vienna となった。おそらく日本語の言い方はそのドイツ語のつづりから発音したものではないだろうか。

5. 3レターコードの活用

航空券をよく見ると、アルファベットが効果的に使われている。
例えば

    HND JL 44/17 MAR

これは３月１７日の羽田空港発の日本航空４４便を表している。

このアルファベット３文字で空港名を表すシステムは国内の路線に
も使われている。
例えば、

東京 → TYO	大阪 → OSA	福岡 → FUK
成田 → NRT	高松 → TAK	長崎 → NGS
千歳 → CTS	函館 → HKD	徳島 → TKS

この３文字あるいは４文字のアルファベットを使うことは、パイロ
ットが瞬時に情報をつかめるからである。
例えば、

speed → SPD	altitude → ALT
Forward → FWD	Flight → FLT
Display → DSPL	Temperature → TEMP
Runway → RWY	heading → HDG

よく耳にすることばの中に、イニシャルで作られているもの（イニシャリズム）がたくさんある。
例えば、

VIP	LED	ATM	NPO
CEO	AED	UAE	SUV

もちろん、3文字に限る必要はない。実際に2文字のコードも多く使われる。
例えば、

kilometer → km   versus → vs.

Junior → Jr.   Doctor → Dr.

なお、2文字のイニシャリズムもある。

UV は ultraviolet

EV は European Union

UN は United Nations

リスニングの際、3レターコードやイニシャリズムを活用すれば手早くキーワードを書き取ることができる。

3レターコードは生活に活かすことができる。スケジュール管理に手帳を使うことがあるが、書くスペースがあまりないことがある。そんなときに3レターコードが応用できる。
メモすることばを子音字のアルファベットで書くと、漢字で書くより楽に速く書ける。
例えば、待ち合わせするとき、相手の名前と場所名に3レターコードを使う。

人名の場合

鈴木さん　→　SZK　　　高橋さん　→　TKH

渡辺さん　→　WTN　　　林さん　　→　HYS

場所名の場合

新宿　　　→　SNJ　　　渋谷　　　→　SBY

梅田　　　→　UMD　　　三宮　　　→　SNM

たいていの場合は３文字でいいが、まぎらわしいときには４文字にしたり、母音を使ったりするとよい。

次のレターコードは何という名字か考えよう。

KMR　　　MRI　　　YMD　　　ISKW　　　YMZK

IWSK　　　NGCH　　　TNK　　　OGW　　　SMZ

次のレターコードはどこの県名か考えよう。

AOM　　　MYZ　　　SZO　　　YMG　　　SMN

HKD　　　TYM　　　KCH　　　YMNS　　　AICH

著者紹介
　塩田寛幸（しおた・ひろゆき）
　　慶応義塾大学卒業。四国学院大学で「英語学習法」「英文作成法」
　　ほかの科目を担当。大学時代から航空界の英語（交信で使われる
　　英語表現）に興味をもち、その魅力を紹介すべく本書を執筆。

協力者
　田中　崇（たなか・たかし）
　　鳴門教育大学大学院美術専攻修了。制作・アートディレクタ
　　ーとして本書の制作に協力する。

通じる英語は空にあった！
〜ついに見つけた英語学習法〜

2020年10月1日　初版第1刷発行
定価　1,500円＋税

著　　　者　塩田　寛幸

発行・印刷　株式会社 美巧社
　　　　　　〒760-0063
　　　　　　香川県高松市多賀町1－8－10
　　　　　　TEL 087-833-5811

ISBN 978-4-86387-137-3 C1082